Recipe

Difficulty level:

o o O O O

Rating

Prep Time:

Cooking Method:

Cooking Temp:

Cooking Time:

Servings:

Allergens:

O Milk
O Fish
O Eggs
O Lupin
O Celery
O Peanuts
O Mustard
O Molluscs
O Tree nuts
O Soybeans
O Crustaceans
O Sesame seeds
O Cereals containing gluten
O Sulphur dioxide and sulphites

Ingredients:

Cooking Instructions:

Notes:

Recipe

Difficulty level:

o o O O O

Rating

Prep Time:

Cooking Method:

Cooking Temp:

Cooking Time:

Servings:

Allergens:

O Milk
O Fish
O Eggs
O Lupin
O Celery
O Peanuts
O Mustard
O Molluscs
O Tree nuts
O Soybeans
O Crustaceans
O Sesame seeds
O Cereals containing gluten
O Sulphur dioxide and sulphites

Ingredients:

Cooking Instructions:

Notes:

Recipe

Difficulty level:

ooOOO

Rating

♡♡♡♡♡

Prep Time:

Cooking Method:

Cooking Temp:

Cooking Time:

Servings:

Allergens:

O Milk
O Fish
O Eggs
O Lupin
O Celery
O Peanuts
O Mustard
O Molluscs
O Tree nuts
O Soybeans
O Crustaceans
O Sesame seeds
O Cereals containing gluten
O Sulphur dioxide and sulphites

Ingredients:

Cooking Instructions:

Notes:

Recipe

Difficulty level:

o o O O O

Rating

Prep Time:

Cooking Method:

Cooking Temp:

Cooking Time:

Servings:

Allergens:

O Milk
O Fish
O Eggs
O Lupin
O Celery
O Peanuts
O Mustard
O Molluscs
O Tree nuts
O Soybeans
O Crustaceans
O Sesame seeds
O Cereals containing gluten
O Sulphur dioxide and sulphites

Ingredients:

Cooking Instructions:

Notes:

Recipe

Difficulty level:

oo OOO

Rating

Prep Time:

Cooking Method:

Cooking Temp:

Cooking Time:

Servings:

Allergens:
- O Milk
- O Fish
- O Eggs
- O Lupin
- O Celery
- O Peanuts
- O Mustard
- O Molluscs
- O Tree nuts
- O Soybeans
- O Crustaceans
- O Sesame seeds
- O Cereals containing gluten
- O Sulphur dioxide and sulphites

Ingredients:

Cooking Instructions:

Notes:

Recipe

Difficulty level:

o o O O O

Rating

Prep Time:

Cooking Method:

Cooking Temp:

Cooking Time:

Servings:

Allergens:

- O Milk
- O Fish
- O Eggs
- O Lupin
- O Celery
- O Peanuts
- O Mustard
- O Molluscs
- O Tree nuts
- O Soybeans
- O Crustaceans
- O Sesame seeds
- O Cereals containing gluten
- O Sulphur dioxide and sulphites

Ingredients:

Cooking Instructions:

Notes:

Recipe

Difficulty level:

o o O O O

Rating

♡ ♡ ♡ ♥ ♥

Prep Time:

Cooking Method:

Cooking Temp:

Cooking Time:

Servings:

Allergens:

- O Milk
- O Fish
- O Eggs
- O Lupin
- O Celery
- O Peanuts
- O Mustard
- O Molluscs
- O Tree nuts
- O Soybeans
- O Crustaceans
- O Sesame seeds
- O Cereals containing gluten
- O Sulphur dioxide and sulphites

Ingredients:

Cooking Instructions:

Notes:

Recipe

Difficulty level:

oooOO

Rating

Prep Time:

Cooking Method:

Cooking Temp:

Cooking Time:

Servings:

Allergens:

O Milk
O Fish
O Eggs
O Lupin
O Celery
O Peanuts
O Mustard
O Molluscs
O Tree nuts
O Soybeans
O Crustaceans
O Sesame seeds
O Cereals containing gluten
O Sulphur dioxide and sulphites

Ingredients:

Cooking Instructions:

Notes:

Recipe

Difficulty level:

o o O O O

Rating

Prep Time:

Cooking Method:

Cooking Temp:

Cooking Time:

Servings:

Allergens:

- O Milk
- O Fish
- O Eggs
- O Lupin
- O Celery
- O Peanuts
- O Mustard
- O Molluscs
- O Tree nuts
- O Soybeans
- O Crustaceans
- O Sesame seeds
- O Cereals containing gluten
- O Sulphur dioxide and sulphites

Ingredients:

Cooking Instructions:

Notes:

Recipe

Difficulty level:

○○○○○

Rating

♡♡♡♡♡

Prep Time:

Cooking Method:

Cooking Temp:

Cooking Time:

Servings:

Allergens:

O Milk
O Fish
O Eggs
O Lupin
O Celery
O Peanuts
O Mustard
O Molluscs
O Tree nuts
O Soybeans
O Crustaceans
O Sesame seeds
O Cereals containing gluten
O Sulphur dioxide and sulphites

Ingredients:

Cooking Instructions:

Notes:

Recipe

Difficulty level:

○○○○○

Rating

♡♡♡♡♡

Prep Time:

Cooking Method:

Cooking Temp:

Cooking Time:

Servings:

Allergens:

- ○ Milk
- ○ Fish
- ○ Eggs
- ○ Lupin
- ○ Celery
- ○ Peanuts
- ○ Mustard
- ○ Molluscs
- ○ Tree nuts
- ○ Soybeans
- ○ Crustaceans
- ○ Sesame seeds
- ○ Cereals containing gluten
- ○ Sulphur dioxide and sulphites

Ingredients:

Cooking Instructions:

Notes:

Recipe

Difficulty level:

o o O O O

Rating

Prep Time:

Cooking Method:

Cooking Temp:

Cooking Time:

Servings:

Allergens:

O Milk
O Fish
O Eggs
O Lupin
O Celery
O Peanuts
O Mustard
O Molluscs
O Tree nuts
O Soybeans
O Crustaceans
O Sesame seeds
O Cereals containing gluten
O Sulphur dioxide and sulphites

Ingredients:

Cooking Instructions:

Notes:

Recipe

Difficulty level:

○ ○ ○ ○ ○

Rating

♡ ♡ ♡ ♡ ♡

Prep Time:

Cooking Method:

Cooking Temp:

Cooking Time:

Servings:

Allergens:

O Milk
O Fish
O Eggs
O Lupin
O Celery
O Peanuts
O Mustard
O Molluscs
O Tree nuts
O Soybeans
O Crustaceans
O Sesame seeds
O Cereals containing gluten
O Sulphur dioxide and sulphites

Ingredients:

Cooking Instructions:

Notes:

Recipe

Difficulty level:

ooOOO

Rating

Prep Time:

Cooking Method:

Cooking Temp:

Cooking Time:

Servings:

Allergens:

- O Milk
- O Fish
- O Eggs
- O Lupin
- O Celery
- O Peanuts
- O Mustard
- O Molluscs
- O Tree nuts
- O Soybeans
- O Crustaceans
- O Sesame seeds
- O Cereals containing gluten
- O Sulphur dioxide and sulphites

Ingredients:

Cooking Instructions:

Notes:

Recipe

Difficulty level:

o o O O O

Rating

Prep Time:

Cooking Method:

Cooking Temp:

Cooking Time:

Servings:

Allergens:

O Milk
O Fish
O Eggs
O Lupin
O Celery
O Peanuts
O Mustard
O Molluscs
O Tree nuts
O Soybeans
O Crustaceans
O Sesame seeds
O Cereals containing gluten
O Sulphur dioxide and sulphites

Ingredients:

Cooking Instructions:

Notes:

Recipe

Difficulty level:

o o O O O

Rating

Prep Time:

Cooking Method:

Cooking Temp:

Cooking Time:

Servings:

Allergens:

O Milk
O Fish
O Eggs
O Lupin
O Celery
O Peanuts
O Mustard
O Molluscs
O Tree nuts
O Soybeans
O Crustaceans
O Sesame seeds
O Cereals containing gluten
O Sulphur dioxide and sulphites

Ingredients:

Cooking Instructions:

Notes:

Recipe

Difficulty level:

o o O O O

Rating

Prep Time:

Cooking Method:

Cooking Temp:

Cooking Time:

Servings:

Allergens:

- O Milk
- O Fish
- O Eggs
- O Lupin
- O Celery
- O Peanuts
- O Mustard
- O Molluscs
- O Tree nuts
- O Soybeans
- O Crustaceans
- O Sesame seeds
- O Cereals containing gluten
- O Sulphur dioxide and sulphites

Ingredients:

Cooking Instructions:

Notes:

Recipe

Difficulty level:

o o O O O

Rating

Prep Time:

Cooking Method:

Cooking Temp:

Cooking Time:

Servings:

Allergens:

O Milk
O Fish
O Eggs
O Lupin
O Celery
O Peanuts
O Mustard
O Molluscs
O Tree nuts
O Soybeans
O Crustaceans
O Sesame seeds
O Cereals containing gluten
O Sulphur dioxide and sulphites

Ingredients:

Cooking Instructions:

Notes:

Recipe

Difficulty level:

o o O O O

Rating

Prep Time:

Cooking Method:

Cooking Temp:

Cooking Time:

Servings:

Allergens:

O Milk
O Fish
O Eggs
O Lupin
O Celery
O Peanuts
O Mustard
O Molluscs
O Tree nuts
O Soybeans
O Crustaceans
O Sesame seeds
O Cereals containing gluten
O Sulphur dioxide and sulphites

Ingredients:

Cooking Instructions:

Notes:

Recipe

Difficulty level:

o o O O O

Rating

Prep Time:

Cooking Method:

Cooking Temp:

Cooking Time:

Servings:

Allergens:

O Milk
O Fish
O Eggs
O Lupin
O Celery
O Peanuts
O Mustard
O Molluscs
O Tree nuts
O Soybeans
O Crustaceans
O Sesame seeds
O Cereals containing gluten
O Sulphur dioxide and sulphites

Ingredients:

Cooking Instructions:

Notes:

Recipe

Difficulty level:

○ ○ ○ ○ ○

Rating

♡ ♡ ♡ ♡ ♡

Prep Time:

Cooking Method:

Cooking Temp:

Cooking Time:

Servings:

Allergens:

- ○ Milk
- ○ Fish
- ○ Eggs
- ○ Lupin
- ○ Celery
- ○ Peanuts
- ○ Mustard
- ○ Molluscs
- ○ Tree nuts
- ○ Soybeans
- ○ Crustaceans
- ○ Sesame seeds
- ○ Cereals containing gluten
- ○ Sulphur dioxide and sulphites

Ingredients:

Cooking Instructions:

Notes:

Recipe

Difficulty level:

$\circ \circ O O O$

Rating

Prep Time:

Cooking Method:

Cooking Temp:

Cooking Time:

Servings:

Allergens:

O Milk
O Fish
O Eggs
O Lupin
O Celery
O Peanuts
O Mustard
O Molluscs
O Tree nuts
O Soybeans
O Crustaceans
O Sesame seeds
O Cereals containing gluten
O Sulphur dioxide and sulphites

Ingredients:

Cooking Instructions:

Notes:

Recipe

Difficulty level:

o o O O O

Rating

♡ ♡ ♡ ♡ ♡

Prep Time:

Cooking Method:

Cooking Temp:

Cooking Time:

Servings:

Allergens:

O Milk
O Fish
O Eggs
O Lupin
O Celery
O Peanuts
O Mustard
O Molluscs
O Tree nuts
O Soybeans
O Crustaceans
O Sesame seeds
O Cereals containing gluten
O Sulphur dioxide and sulphites

Ingredients:

Cooking Instructions:

Notes:

Recipe

Difficulty level:

o o O O O

Rating

Prep Time:

Cooking Method:

Cooking Temp:

Cooking Time:

Servings:

Allergens:

O Milk
O Fish
O Eggs
O Lupin
O Celery
O Peanuts
O Mustard
O Molluscs
O Tree nuts
O Soybeans
O Crustaceans
O Sesame seeds
O Cereals containing gluten
O Sulphur dioxide and sulphites

Ingredients:

Cooking Instructions:

Notes:

Recipe

Difficulty level:

o o O O O

Rating

♡ ♡ ♡ ♡ ♡

Prep Time:

Cooking Method:

Cooking Temp:

Cooking Time:

Servings:

Allergens:

O Milk
O Fish
O Eggs
O Lupin
O Celery
O Peanuts
O Mustard
O Molluscs
O Tree nuts
O Soybeans
O Crustaceans
O Sesame seeds
O Cereals containing gluten
O Sulphur dioxide and sulphites

Ingredients:

Cooking Instructions:

Notes:

Recipe

Difficulty level:

o o O O O

Rating

Prep Time:

Cooking Method:

Cooking Temp:

Cooking Time:

Servings:

Allergens:

O Milk
O Fish
O Eggs
O Lupin
O Celery
O Peanuts
O Mustard
O Molluscs
O Tree nuts
O Soybeans
O Crustaceans
O Sesame seeds
O Cereals containing gluten
O Sulphur dioxide and sulphites

Ingredients:

Cooking Instructions:

Notes:

Recipe

Difficulty level:

o o O O O

Rating

♡ ♡ ♡ ♡ ♡

Prep Time:

Cooking Method:

Cooking Temp:

Cooking Time:

Servings:

Allergens:

- O Milk
- O Fish
- O Eggs
- O Lupin
- O Celery
- O Peanuts
- O Mustard
- O Molluscs
- O Tree nuts
- O Soybeans
- O Crustaceans
- O Sesame seeds
- O Cereals containing gluten
- O Sulphur dioxide and sulphites

Ingredients:

Cooking Instructions:

Notes:

Recipe

Difficulty level:

o o O O O

Rating

Prep Time:

Cooking Method:

Cooking Temp:

Cooking Time:

Servings:

Allergens:

O Milk
O Fish
O Eggs
O Lupin
O Celery
O Peanuts
O Mustard
O Molluscs
O Tree nuts
O Soybeans
O Crustaceans
O Sesame seeds
O Cereals containing gluten
O Sulphur dioxide and sulphites

Ingredients:

Cooking Instructions:

Notes:

Recipe

Difficulty level:

o o O O O

Rating

Prep Time:

Cooking Method:

Cooking Temp:

Cooking Time:

Servings:

Allergens:

O Milk
O Fish
O Eggs
O Lupin
O Celery
O Peanuts
O Mustard
O Molluscs
O Tree nuts
O Soybeans
O Crustaceans
O Sesame seeds
O Cereals containing gluten
O Sulphur dioxide and sulphites

Ingredients:

Cooking Instructions:

Notes:

Recipe

Difficulty level:

o o O O O

Rating

♡ ♡ ♡ ♡ ♡

Prep Time:

Cooking Method:

Cooking Temp:

Cooking Time:

Servings:

Allergens:

- O Milk
- O Fish
- O Eggs
- O Lupin
- O Celery
- O Peanuts
- O Mustard
- O Molluscs
- O Tree nuts
- O Soybeans
- O Crustaceans
- O Sesame seeds
- O Cereals containing gluten
- O Sulphur dioxide and sulphites

Ingredients:

Cooking Instructions:

Notes:

Recipe

Difficulty level:

○ ○ ○ ○ ○

Rating

♡ ♡ ♡ ♡ ♡

Prep Time:

Cooking Method:

Cooking Temp:

Cooking Time:

Servings:

Allergens:

O Milk
O Fish
O Eggs
O Lupin
O Celery
O Peanuts
O Mustard
O Molluscs
O Tree nuts
O Soybeans
O Crustaceans
O Sesame seeds
O Cereals containing gluten
O Sulphur dioxide and sulphites

Ingredients:

Cooking Instructions:

Notes:

Recipe

Difficulty level:

o o O O O

Rating

Prep Time:

Cooking Method:

Cooking Temp:

Cooking Time:

Servings:

Allergens:

O Milk
O Fish
O Eggs
O Lupin
O Celery
O Peanuts
O Mustard
O Molluscs
O Tree nuts
O Soybeans
O Crustaceans
O Sesame seeds
O Cereals containing gluten
O Sulphur dioxide and sulphites

Ingredients:

Cooking Instructions:

Notes:

Recipe

Difficulty level:

Rating

Prep Time:

Cooking Method:

Cooking Temp:

Cooking Time:

Servings:

Allergens:

O Milk
O Fish
O Eggs
O Lupin
O Celery
O Peanuts
O Mustard
O Molluscs
O Tree nuts
O Soybeans
O Crustaceans
O Sesame seeds
O Cereals containing gluten
O Sulphur dioxide and sulphites

Ingredients:

Cooking Instructions:

Notes:

Recipe

Difficulty level:

o o O O O

Rating

♡ ♡ ♡ ♡ ♡

Prep Time:

Cooking Method:

Cooking Temp:

Cooking Time:

Servings:

Allergens:

O Milk
O Fish
O Eggs
O Lupin
O Celery
O Peanuts
O Mustard
O Molluscs
O Tree nuts
O Soybeans
O Crustaceans
O Sesame seeds
O Cereals containing gluten
O Sulphur dioxide and sulphites

Ingredients:

Cooking Instructions:

Notes:

Recipe

Difficulty level:

o o O O O

Rating

Prep Time:

Cooking Method:

Cooking Temp:

Cooking Time:

Servings:

Allergens:

O Milk
O Fish
O Eggs
O Lupin
O Celery
O Peanuts
O Mustard
O Molluscs
O Tree nuts
O Soybeans
O Crustaceans
O Sesame seeds
O Cereals containing gluten
O Sulphur dioxide and sulphites

Ingredients:

Cooking Instructions:

Notes:

Recipe

Difficulty level:

o o O O O

Rating

Prep Time:

Cooking Method:

Cooking Temp:

Cooking Time:

Servings:

Allergens:

- O Milk
- O Fish
- O Eggs
- O Lupin
- O Celery
- O Peanuts
- O Mustard
- O Molluscs
- O Tree nuts
- O Soybeans
- O Crustaceans
- O Sesame seeds
- O Cereals containing gluten
- O Sulphur dioxide and sulphites

Ingredients:

Cooking Instructions:

Notes:

Recipe

Difficulty level:

○ ○ ○ ○ ○

Rating

♡ ♡ ♡ ♡ ♡

Prep Time:

Cooking Method:

Cooking Temp:

Cooking Time:

Servings:

Allergens:

O Milk
O Fish
O Eggs
O Lupin
O Celery
O Peanuts
O Mustard
O Molluscs
O Tree nuts
O Soybeans
O Crustaceans
O Sesame seeds
O Cereals containing gluten
O Sulphur dioxide and sulphites

Ingredients:

Cooking Instructions:

Notes:

Recipe

Difficulty level:

o o O O O

Rating

♡ ♡ ♡ ♡ ♥

Prep Time:

Cooking Method:

Cooking Temp:

Cooking Time:

Servings:

Allergens:

O Milk
O Fish
O Eggs
O Lupin
O Celery
O Peanuts
O Mustard
O Molluscs
O Tree nuts
O Soybeans
O Crustaceans
O Sesame seeds
O Cereals containing gluten
O Sulphur dioxide and sulphites

Ingredients:

Cooking Instructions:

Notes:

Recipe

Difficulty level:

o o O O O

Rating

♡ ♡ ♡ ♥ ♥

Prep Time:

Cooking Method:

Cooking Temp:

Cooking Time:

Servings:

Allergens:

O Milk
O Fish
O Eggs
O Lupin
O Celery
O Peanuts
O Mustard
O Molluscs
O Tree nuts
O Soybeans
O Crustaceans
O Sesame seeds
O Cereals containing gluten
O Sulphur dioxide and sulphites

Ingredients:

Cooking Instructions:

Notes:

Recipe

Difficulty level:

ooOOO

Rating

Prep Time:

Cooking Method:

Cooking Temp:

Cooking Time:

Servings:

Allergens:

O Milk
O Fish
O Eggs
O Lupin
O Celery
O Peanuts
O Mustard
O Molluscs
O Tree nuts
O Soybeans
O Crustaceans
O Sesame seeds
O Cereals containing gluten
O Sulphur dioxide and sulphites

Ingredients:

Cooking Instructions:

Notes:

Recipe

Difficulty level:

o o O O O

Rating

♡ ♡ ♡ ♡ ♡

Prep Time:

Cooking Method:

Cooking Temp:

Cooking Time:

Servings:

Allergens:

- O Milk
- O Fish
- O Eggs
- O Lupin
- O Celery
- O Peanuts
- O Mustard
- O Molluscs
- O Tree nuts
- O Soybeans
- O Crustaceans
- O Sesame seeds
- O Cereals containing gluten
- O Sulphur dioxide and sulphites

Ingredients:

Cooking Instructions:

Notes:

Recipe

Difficulty level:

o o O O O

Rating

Prep Time:

Cooking Method:

Cooking Temp:

Cooking Time:

Servings:

Allergens:

O Milk
O Fish
O Eggs
O Lupin
O Celery
O Peanuts
O Mustard
O Molluscs
O Tree nuts
O Soybeans
O Crustaceans
O Sesame seeds
O Cereals containing gluten
O Sulphur dioxide and sulphites

Ingredients:

Cooking Instructions:

Notes:

Recipe

Difficulty level:

o o O O O

Rating

Prep Time:

Cooking Method:

Cooking Temp:

Cooking Time:

Servings:

Allergens:

O Milk
O Fish
O Eggs
O Lupin
O Celery
O Peanuts
O Mustard
O Molluscs
O Tree nuts
O Soybeans
O Crustaceans
O Sesame seeds
O Cereals containing gluten
O Sulphur dioxide and sulphites

Ingredients:

Cooking Instructions:

Notes:

Recipe

Difficulty level:

o o O O O

Rating

♡ ♡ ♡ ♡ ♡

Prep Time:

Cooking Method:

Cooking Temp:

Cooking Time:

Servings:

Allergens:

O Milk
O Fish
O Eggs
O Lupin
O Celery
O Peanuts
O Mustard
O Molluscs
O Tree nuts
O Soybeans
O Crustaceans
O Sesame seeds
O Cereals containing gluten
O Sulphur dioxide and sulphites

Ingredients:

Cooking Instructions:

Notes:

Recipe

Difficulty level:

oooOO

Rating

Prep Time:

Cooking Method:

Cooking Temp:

Cooking Time:

Servings:

Allergens:

- O Milk
- O Fish
- O Eggs
- O Lupin
- O Celery
- O Peanuts
- O Mustard
- O Molluscs
- O Tree nuts
- O Soybeans
- O Crustaceans
- O Sesame seeds
- O Cereals containing gluten
- O Sulphur dioxide and sulphites

Ingredients:

Cooking Instructions:

Notes:

Recipe

Difficulty level:

o o O O O

Rating

Prep Time:

Cooking Method:

Cooking Temp:

Cooking Time:

Servings:

Allergens:

O Milk
O Fish
O Eggs
O Lupin
O Celery
O Peanuts
O Mustard
O Molluscs
O Tree nuts
O Soybeans
O Crustaceans
O Sesame seeds
O Cereals containing gluten
O Sulphur dioxide and sulphites

Ingredients:

Cooking Instructions:

Notes:

Recipe

Difficulty level:

ooOOO

Rating

Prep Time:

Cooking Method:

Cooking Temp:

Cooking Time:

Servings:

Allergens:

O Milk
O Fish
O Eggs
O Lupin
O Celery
O Peanuts
O Mustard
O Molluscs
O Tree nuts
O Soybeans
O Crustaceans
O Sesame seeds
O Cereals containing gluten
O Sulphur dioxide and sulphites

Ingredients:

Cooking Instructions:

Notes:

Recipe

Difficulty level:

o o O O O

Rating

Prep Time:

Cooking Method:

Cooking Temp:

Cooking Time:

Servings:

Allergens:

O Milk
O Fish
O Eggs
O Lupin
O Celery
O Peanuts
O Mustard
O Molluscs
O Tree nuts
O Soybeans
O Crustaceans
O Sesame seeds
O Cereals containing gluten
O Sulphur dioxide and sulphites

Ingredients:

Cooking Instructions:

Notes:

Recipe

Difficulty level:

o o O O O

Rating

Prep Time:

Cooking Method:

Cooking Temp:

Cooking Time:

Servings:

Allergens:

O Milk
O Fish
O Eggs
O Lupin
O Celery
O Peanuts
O Mustard
O Molluscs
O Tree nuts
O Soybeans
O Crustaceans
O Sesame seeds
O Cereals containing gluten
O Sulphur dioxide and sulphites

Ingredients:

Cooking Instructions:

Notes:

Recipe

Difficulty level:

ooOOO

Rating

Prep Time:

Cooking Method:

Cooking Temp:

Cooking Time:

Servings:

Allergens:

O Milk
O Fish
O Eggs
O Lupin
O Celery
O Peanuts
O Mustard
O Molluscs
O Tree nuts
O Soybeans
O Crustaceans
O Sesame seeds
O Cereals containing gluten
O Sulphur dioxide and sulphites

Ingredients:

Cooking Instructions:

Notes:

Recipe

Difficulty level:

o o O O O

Rating

Prep Time:

Cooking Method:

Cooking Temp:

Cooking Time:

Servings:

Allergens:

- O Milk
- O Fish
- O Eggs
- O Lupin
- O Celery
- O Peanuts
- O Mustard
- O Molluscs
- O Tree nuts
- O Soybeans
- O Crustaceans
- O Sesame seeds
- O Cereals containing gluten
- O Sulphur dioxide and sulphites

Ingredients:

Cooking Instructions:

Notes:

Recipe

Difficulty level:

o o O O O

Rating

Prep Time:

Cooking Method:

Cooking Temp:

Cooking Time:

Servings:

Allergens:

O Milk
O Fish
O Eggs
O Lupin
O Celery
O Peanuts
O Mustard
O Molluscs
O Tree nuts
O Soybeans
O Crustaceans
O Sesame seeds
O Cereals containing gluten
O Sulphur dioxide and sulphites

Ingredients:

Cooking Instructions:

Notes:

Recipe

Difficulty level:

o o O O O

Rating

♡ ♡ ♡ ♡ ♡

Prep Time:

Cooking Method:

Cooking Temp:

Cooking Time:

Servings:

Allergens:

- O Milk
- O Fish
- O Eggs
- O Lupin
- O Celery
- O Peanuts
- O Mustard
- O Molluscs
- O Tree nuts
- O Soybeans
- O Crustaceans
- O Sesame seeds
- O Cereals containing gluten
- O Sulphur dioxide and sulphites

Ingredients:

Cooking Instructions:

Notes:

Recipe

Difficulty level:

ooOOO

Rating

Prep Time:

Cooking Method:

Cooking Temp:

Cooking Time:

Servings:

Allergens:

O Milk
O Fish
O Eggs
O Lupin
O Celery
O Peanuts
O Mustard
O Molluscs
O Tree nuts
O Soybeans
O Crustaceans
O Sesame seeds
O Cereals containing gluten
O Sulphur dioxide and sulphites

Ingredients:

Cooking Instructions:

Notes:

Recipe

Difficulty level:

o o O O O

Rating

Prep Time:

Cooking Method:

Cooking Temp:

Cooking Time:

Servings:

Allergens:

O Milk
O Fish
O Eggs
O Lupin
O Celery
O Peanuts
O Mustard
O Molluscs
O Tree nuts
O Soybeans
O Crustaceans
O Sesame seeds
O Cereals containing gluten
O Sulphur dioxide and sulphites

Ingredients:

Cooking Instructions:

Notes:

Recipe

Difficulty level:

ooOOO

Rating

Prep Time:

Cooking Method:

Cooking Temp:

Cooking Time:

Servings:

Allergens:

O Milk
O Fish
O Eggs
O Lupin
O Celery
O Peanuts
O Mustard
O Molluscs
O Tree nuts
O Soybeans
O Crustaceans
O Sesame seeds
O Cereals containing gluten
O Sulphur dioxide and sulphites

Ingredients:

Cooking Instructions:

Notes:

Recipe

Difficulty level:

o o O O O

Rating

Prep Time:

Cooking Method:

Cooking Temp:

Cooking Time:

Servings:

Allergens:

O Milk
O Fish
O Eggs
O Lupin
O Celery
O Peanuts
O Mustard
O Molluscs
O Tree nuts
O Soybeans
O Crustaceans
O Sesame seeds
O Cereals containing gluten
O Sulphur dioxide and sulphites

Ingredients:

Cooking Instructions:

Notes:

Recipe

Difficulty level:

o o O O O

Rating

Prep Time:

Cooking Method:

Cooking Temp:

Cooking Time:

Servings:

Allergens:

O Milk
O Fish
O Eggs
O Lupin
O Celery
O Peanuts
O Mustard
O Molluscs
O Tree nuts
O Soybeans
O Crustaceans
O Sesame seeds
O Cereals containing gluten
O Sulphur dioxide and sulphites

Ingredients:

Cooking Instructions:

Notes:

Recipe

Difficulty level:

o o O O O

Rating

Prep Time:

Cooking Method:

Cooking Temp:

Cooking Time:

Servings:

Allergens:

O Milk
O Fish
O Eggs
O Lupin
O Celery
O Peanuts
O Mustard
O Molluscs
O Tree nuts
O Soybeans
O Crustaceans
O Sesame seeds
O Cereals containing gluten
O Sulphur dioxide and sulphites

Ingredients:

Cooking Instructions:

Notes:

Recipe

Difficulty level:

o o O O O

Rating

Prep Time:

Cooking Method:

Cooking Temp:

Cooking Time:

Servings:

Allergens:

O Milk
O Fish
O Eggs
O Lupin
O Celery
O Peanuts
O Mustard
O Molluscs
O Tree nuts
O Soybeans
O Crustaceans
O Sesame seeds
O Cereals containing gluten
O Sulphur dioxide and sulphites

Ingredients:

Cooking Instructions:

Notes:

Recipe

Difficulty level:

o o O O O

Rating

Prep Time:

Cooking Method:

Cooking Temp:

Cooking Time:

Servings:

Allergens:

O Milk
O Fish
O Eggs
O Lupin
O Celery
O Peanuts
O Mustard
O Molluscs
O Tree nuts
O Soybeans
O Crustaceans
O Sesame seeds
O Cereals containing gluten
O Sulphur dioxide and sulphites

Ingredients:

Cooking Instructions:

Notes:

Recipe

Difficulty level:

o o O O O

Rating

Prep Time:

Cooking Method:

Cooking Temp:

Cooking Time:

Servings:

Allergens:

O Milk
O Fish
O Eggs
O Lupin
O Celery
O Peanuts
O Mustard
O Molluscs
O Tree nuts
O Soybeans
O Crustaceans
O Sesame seeds
O Cereals containing gluten
O Sulphur dioxide and sulphites

Ingredients:

Cooking Instructions:

Notes:

Recipe

Difficulty level:

ooOOO

Rating

Prep Time:

Cooking Method:

Cooking Temp:

Cooking Time:

Servings:

Allergens:

O Milk
O Fish
O Eggs
O Lupin
O Celery
O Peanuts
O Mustard
O Molluscs
O Tree nuts
O Soybeans
O Crustaceans
O Sesame seeds
O Cereals containing gluten
O Sulphur dioxide and sulphites

Ingredients:

Cooking Instructions:

Notes:

Recipe

Difficulty level:

o o O O O

Rating

♡ ♡ ♡ ♡ ♡

Prep Time:

Cooking Method:

Cooking Temp:

Cooking Time:

Servings:

Allergens:

- O Milk
- O Fish
- O Eggs
- O Lupin
- O Celery
- O Peanuts
- O Mustard
- O Molluscs
- O Tree nuts
- O Soybeans
- O Crustaceans
- O Sesame seeds
- O Cereals containing gluten
- O Sulphur dioxide and sulphites

Ingredients:

Cooking Instructions:

Notes:

Recipe

Difficulty level:

○ ○ ○ ○ ○

Rating

♡ ♡ ♡ ♡ ♡

Prep Time:

Cooking Method:

Cooking Temp:

Cooking Time:

Servings:

Allergens:

O Milk
O Fish
O Eggs
O Lupin
O Celery
O Peanuts
O Mustard
O Molluscs
O Tree nuts
O Soybeans
O Crustaceans
O Sesame seeds
O Cereals containing gluten
O Sulphur dioxide and sulphites

Ingredients:

Cooking Instructions:

Notes:

Recipe

Difficulty level:

o o O O O

Rating

Prep Time:

Cooking Method:

Cooking Temp:

Cooking Time:

Servings:

Allergens:

- O Milk
- O Fish
- O Eggs
- O Lupin
- O Celery
- O Peanuts
- O Mustard
- O Molluscs
- O Tree nuts
- O Soybeans
- O Crustaceans
- O Sesame seeds
- O Cereals containing gluten
- O Sulphur dioxide and sulphites

Ingredients:

Cooking Instructions:

Notes:

Recipe

Difficulty level:

ooOOO

Rating

Prep Time:

Cooking Method:

Cooking Temp:

Cooking Time:

Servings:

Allergens:

O Milk
O Fish
O Eggs
O Lupin
O Celery
O Peanuts
O Mustard
O Molluscs
O Tree nuts
O Soybeans
O Crustaceans
O Sesame seeds
O Cereals containing gluten
O Sulphur dioxide and sulphites

Ingredients:

Cooking Instructions:

Notes:

Recipe

Difficulty level:

o o O O O

Rating

Prep Time:

Cooking Method:

Cooking Temp:

Cooking Time:

Servings:

Allergens:

O Milk
O Fish
O Eggs
O Lupin
O Celery
O Peanuts
O Mustard
O Molluscs
O Tree nuts
O Soybeans
O Crustaceans
O Sesame seeds
O Cereals containing gluten
O Sulphur dioxide and sulphites

Ingredients:

Cooking Instructions:

Notes:

Recipe

Difficulty level:

o o O O O

Rating

Prep Time:

Cooking Method:

Cooking Temp:

Cooking Time:

Servings:

Allergens:

O Milk
O Fish
O Eggs
O Lupin
O Celery
O Peanuts
O Mustard
O Molluscs
O Tree nuts
O Soybeans
O Crustaceans
O Sesame seeds
O Cereals containing gluten
O Sulphur dioxide and sulphites

Ingredients:

Cooking Instructions:

Notes:

Recipe

Difficulty level:

○ ○ O O O

Rating

Prep Time:

Cooking Method:

Cooking Temp:

Cooking Time:

Servings:

Allergens:

O Milk
O Fish
O Eggs
O Lupin
O Celery
O Peanuts
O Mustard
O Molluscs
O Tree nuts
O Soybeans
O Crustaceans
O Sesame seeds
O Cereals containing gluten
O Sulphur dioxide and sulphites

Ingredients:

Cooking Instructions:

Notes:

Recipe

Difficulty level:

Rating

Prep Time:

Cooking Method:

Cooking Temp:

Cooking Time:

Servings:

Allergens:

O Milk
O Fish
O Eggs
O Lupin
O Celery
O Peanuts
O Mustard
O Molluscs
O Tree nuts
O Soybeans
O Crustaceans
O Sesame seeds
O Cereals containing gluten
O Sulphur dioxide and sulphites

Ingredients:

Cooking Instructions:

Notes:

Recipe

Difficulty level:

ooOOO

Rating

Prep Time:

Cooking Method:

Cooking Temp:

Cooking Time:

Servings:

Allergens:

O Milk
O Fish
O Eggs
O Lupin
O Celery
O Peanuts
O Mustard
O Molluscs
O Tree nuts
O Soybeans
O Crustaceans
O Sesame seeds
O Cereals containing gluten
O Sulphur dioxide and sulphites

Ingredients:

Cooking Instructions:

Notes:

Recipe

Difficulty level:

o o O O O

Rating

Prep Time:

Cooking Method:

Cooking Temp:

Cooking Time:

Servings:

Allergens:

- O Milk
- O Fish
- O Eggs
- O Lupin
- O Celery
- O Peanuts
- O Mustard
- O Molluscs
- O Tree nuts
- O Soybeans
- O Crustaceans
- O Sesame seeds
- O Cereals containing gluten
- O Sulphur dioxide and sulphites

Ingredients:

Cooking Instructions:

Notes:

Recipe

Difficulty level:

○○○○○

Rating

♡♡♡♡♡

Prep Time:

Cooking Method:

Cooking Temp:

Cooking Time:

Servings:

Allergens:

O Milk
O Fish
O Eggs
O Lupin
O Celery
O Peanuts
O Mustard
O Molluscs
O Tree nuts
O Soybeans
O Crustaceans
O Sesame seeds
O Cereals containing gluten
O Sulphur dioxide and sulphites

Ingredients:

Cooking Instructions:

Notes:

Recipe

Difficulty level:

ooooO

Rating

Prep Time:

Cooking Method:

Cooking Temp:

Cooking Time:

Servings:

Allergens:

- O Milk
- O Fish
- O Eggs
- O Lupin
- O Celery
- O Peanuts
- O Mustard
- O Molluscs
- O Tree nuts
- O Soybeans
- O Crustaceans
- O Sesame seeds
- O Cereals containing gluten
- O Sulphur dioxide and sulphites

Ingredients:

Cooking Instructions:

Notes:

Recipe

Difficulty level:

o o O O O

Rating

Prep Time:

Cooking Method:

Cooking Temp:

Cooking Time:

Servings:

Allergens:

O Milk
O Fish
O Eggs
O Lupin
O Celery
O Peanuts
O Mustard
O Molluscs
O Tree nuts
O Soybeans
O Crustaceans
O Sesame seeds
O Cereals containing gluten
O Sulphur dioxide and sulphites

Ingredients:

Cooking Instructions:

Notes:

Recipe

Difficulty level:

ooOOO

Rating

Prep Time:

Cooking Method:

Cooking Temp:

Cooking Time:

Servings:

Allergens:

O Milk
O Fish
O Eggs
O Lupin
O Celery
O Peanuts
O Mustard
O Molluscs
O Tree nuts
O Soybeans
O Crustaceans
O Sesame seeds
O Cereals containing gluten
O Sulphur dioxide and sulphites

Ingredients:

Cooking Instructions:

Notes:

Recipe

Difficulty level:

o o O O O

Rating

♡ ♡ ♡ ♡ ♡

Prep Time:

Cooking Method:

Cooking Temp:

Cooking Time:

Servings:

Allergens:

O Milk
O Fish
O Eggs
O Lupin
O Celery
O Peanuts
O Mustard
O Molluscs
O Tree nuts
O Soybeans
O Crustaceans
O Sesame seeds
O Cereals containing gluten
O Sulphur dioxide and sulphites

Ingredients:

Cooking Instructions:

Notes:

Recipe

Difficulty level:

ο ο Ο Ο Ο

Rating

♡ ♡ ♡ ♥ ♥

Prep Time:

Cooking Method:

Cooking Temp:

Cooking Time:

Servings:

Allergens:

O Milk
O Fish
O Eggs
O Lupin
O Celery
O Peanuts
O Mustard
O Molluscs
O Tree nuts
O Soybeans
O Crustaceans
O Sesame seeds
O Cereals containing gluten
O Sulphur dioxide and sulphites

Ingredients:

Cooking Instructions:

Notes:

Recipe

Difficulty level:

ooOOO

Rating

Prep Time:

Cooking Method:

Cooking Temp:

Cooking Time:

Servings:

Allergens:

- O Milk
- O Fish
- O Eggs
- O Lupin
- O Celery
- O Peanuts
- O Mustard
- O Molluscs
- O Tree nuts
- O Soybeans
- O Crustaceans
- O Sesame seeds
- O Cereals containing gluten
- O Sulphur dioxide and sulphites

Ingredients:

Cooking Instructions:

Notes:

Recipe

Difficulty level:

o o O O O

Rating

Prep Time:

Cooking Method:

Cooking Temp:

Cooking Time:

Servings:

Allergens:

O Milk
O Fish
O Eggs
O Lupin
O Celery
O Peanuts
O Mustard
O Molluscs
O Tree nuts
O Soybeans
O Crustaceans
O Sesame seeds
O Cereals containing gluten
O Sulphur dioxide and sulphites

Ingredients:

Cooking Instructions:

Notes:

Recipe

Difficulty level:

ooOOO

Rating

Prep Time:

Cooking Method:

Cooking Temp:

Cooking Time:

Servings:

Allergens:

- O Milk
- O Fish
- O Eggs
- O Lupin
- O Celery
- O Peanuts
- O Mustard
- O Molluscs
- O Tree nuts
- O Soybeans
- O Crustaceans
- O Sesame seeds
- O Cereals containing gluten
- O Sulphur dioxide and sulphites

Ingredients:

Cooking Instructions:

Notes:

Recipe

Difficulty level:

o o O O O

Rating

Prep Time:

Cooking Method:

Cooking Temp:

Cooking Time:

Servings:

Allergens:

O Milk
O Fish
O Eggs
O Lupin
O Celery
O Peanuts
O Mustard
O Molluscs
O Tree nuts
O Soybeans
O Crustaceans
O Sesame seeds
O Cereals containing gluten
O Sulphur dioxide and sulphites

Ingredients:

Cooking Instructions:

Notes:

Recipe

Difficulty level:

o o O O O

Rating

Prep Time:

Cooking Method:

Cooking Temp:

Cooking Time:

Servings:

Allergens:

O Milk
O Fish
O Eggs
O Lupin
O Celery
O Peanuts
O Mustard
O Molluscs
O Tree nuts
O Soybeans
O Crustaceans
O Sesame seeds
O Cereals containing gluten
O Sulphur dioxide and sulphites

Ingredients:

Cooking Instructions:

Notes:

Recipe

Difficulty level:

o o O O O

Rating

♡ ♡ ♡ ♡ ♥

Prep Time:

Cooking Method:

Cooking Temp:

Cooking Time:

Servings:

Allergens:

O Milk
O Fish
O Eggs
O Lupin
O Celery
O Peanuts
O Mustard
O Molluscs
O Tree nuts
O Soybeans
O Crustaceans
O Sesame seeds
O Cereals containing gluten
O Sulphur dioxide and sulphites

Ingredients:

Cooking Instructions:

Notes:

Recipe

Difficulty level:

ooooO

Rating

Prep Time:

Cooking Method:

Cooking Temp:

Cooking Time:

Servings:

Allergens:

- O Milk
- O Fish
- O Eggs
- O Lupin
- O Celery
- O Peanuts
- O Mustard
- O Molluscs
- O Tree nuts
- O Soybeans
- O Crustaceans
- O Sesame seeds
- O Cereals containing gluten
- O Sulphur dioxide and sulphites

Ingredients:

Cooking Instructions:

Notes:

Recipe

Difficulty level:

ooOOO

Rating

Prep Time:

Cooking Method:

Cooking Temp:

Cooking Time:

Servings:

Allergens:
O Milk
O Fish
O Eggs
O Lupin
O Celery
O Peanuts
O Mustard
O Molluscs
O Tree nuts
O Soybeans
O Crustaceans
O Sesame seeds
O Cereals containing gluten
O Sulphur dioxide and sulphites

Ingredients:

Cooking Instructions:

Notes:

Recipe

Difficulty level:

o o O O O

Rating

Prep Time:

Cooking Method:

Cooking Temp:

Cooking Time:

Servings:

Allergens:

O Milk
O Fish
O Eggs
O Lupin
O Celery
O Peanuts
O Mustard
O Molluscs
O Tree nuts
O Soybeans
O Crustaceans
O Sesame seeds
O Cereals containing gluten
O Sulphur dioxide and sulphites

Ingredients:

Cooking Instructions:

Notes:

Recipe

Difficulty level:

o o O O O

Rating

Prep Time:

Cooking Method:

Cooking Temp:

Cooking Time:

Servings:

Allergens:

- O Milk
- O Fish
- O Eggs
- O Lupin
- O Celery
- O Peanuts
- O Mustard
- O Molluscs
- O Tree nuts
- O Soybeans
- O Crustaceans
- O Sesame seeds
- O Cereals containing gluten
- O Sulphur dioxide and sulphites

Ingredients:

Cooking Instructions:

Notes:

Recipe

Difficulty level:

ooOOO

Rating

Prep Time:

Cooking Method:

Cooking Temp:

Cooking Time:

Servings:

Allergens:

O Milk
O Fish
O Eggs
O Lupin
O Celery
O Peanuts
O Mustard
O Molluscs
O Tree nuts
O Soybeans
O Crustaceans
O Sesame seeds
O Cereals containing gluten
O Sulphur dioxide and sulphites

Ingredients:

Cooking Instructions:

Notes:

Recipe

Difficulty level:

ooOOO

Rating

♡♡♡♡♡

Prep Time:

Cooking Method:

Cooking Temp:

Cooking Time:

Servings:

Allergens:

O Milk
O Fish
O Eggs
O Lupin
O Celery
O Peanuts
O Mustard
O Molluscs
O Tree nuts
O Soybeans
O Crustaceans
O Sesame seeds
O Cereals containing gluten
O Sulphur dioxide and sulphites

Ingredients:

Cooking Instructions:

Notes:

Recipe

Difficulty level:

o o O O O

Rating

♡ ♡ ♡ ♡ ♡

Prep Time:

Cooking Method:

Cooking Temp:

Cooking Time:

Servings:

Allergens:

O Milk
O Fish
O Eggs
O Lupin
O Celery
O Peanuts
O Mustard
O Molluscs
O Tree nuts
O Soybeans
O Crustaceans
O Sesame seeds
O Cereals containing gluten
O Sulphur dioxide and sulphites

Ingredients:

Cooking Instructions:

Notes:

Recipe

Difficulty level:

○○OOO

Rating

♡♡♡♡♡

Prep Time:

Cooking Method:

Cooking Temp:

Cooking Time:

Servings:

Allergens:

- O Milk
- O Fish
- O Eggs
- O Lupin
- O Celery
- O Peanuts
- O Mustard
- O Molluscs
- O Tree nuts
- O Soybeans
- O Crustaceans
- O Sesame seeds
- O Cereals containing gluten
- O Sulphur dioxide and sulphites

Ingredients:

Cooking Instructions:

Notes:

Recipe

Difficulty level:

○ ○ O O O

Rating

♡ ♡ ♡ ♡ ♡

Prep Time:

Cooking Method:

Cooking Temp:

Cooking Time:

Servings:

Allergens:

O Milk
O Fish
O Eggs
O Lupin
O Celery
O Peanuts
O Mustard
O Molluscs
O Tree nuts
O Soybeans
O Crustaceans
O Sesame seeds
O Cereals containing gluten
O Sulphur dioxide and sulphites

Ingredients:

Cooking Instructions:

Notes:

Recipe

Difficulty level:

o o O O O

Rating

♡ ♡ ♡ ♥ ♥

Prep Time:

Cooking Method:

Cooking Temp:

Cooking Time:

Servings:

Allergens:

- O Milk
- O Fish
- O Eggs
- O Lupin
- O Celery
- O Peanuts
- O Mustard
- O Molluscs
- O Tree nuts
- O Soybeans
- O Crustaceans
- O Sesame seeds
- O Cereals containing gluten
- O Sulphur dioxide and sulphites

Ingredients:

Cooking Instructions:

Notes:

Recipe

Difficulty level:

ooOOO

Rating

Prep Time:

Cooking Method:

Cooking Temp:

Cooking Time:

Servings:

Allergens:

O Milk
O Fish
O Eggs
O Lupin
O Celery
O Peanuts
O Mustard
O Molluscs
O Tree nuts
O Soybeans
O Crustaceans
O Sesame seeds
O Cereals containing gluten
O Sulphur dioxide and sulphites

Ingredients:

Cooking Instructions:

Notes:

Recipe

Difficulty level:

o o O O O

Rating

Prep Time:

Cooking Method:

Cooking Temp:

Cooking Time:

Servings:

Allergens:

- O Milk
- O Fish
- O Eggs
- O Lupin
- O Celery
- O Peanuts
- O Mustard
- O Molluscs
- O Tree nuts
- O Soybeans
- O Crustaceans
- O Sesame seeds
- O Cereals containing gluten
- O Sulphur dioxide and sulphites

Ingredients:

Cooking Instructions:

Notes:

Recipe

Difficulty level:

ooOOO

Rating

Prep Time:

Cooking Method:

Cooking Temp:

Cooking Time:

Servings:

Allergens:

O Milk
O Fish
O Eggs
O Lupin
O Celery
O Peanuts
O Mustard
O Molluscs
O Tree nuts
O Soybeans
O Crustaceans
O Sesame seeds
O Cereals containing gluten
O Sulphur dioxide and sulphites

Ingredients:

Cooking Instructions:

Notes:

Recipe

Difficulty level:

○ ○ ○ ○ ○

Rating

♡ ♡ ♡ ♡ ♡

Prep Time:

Cooking Method:

Cooking Temp:

Cooking Time:

Servings:

Allergens:

O Milk
O Fish
O Eggs
O Lupin
O Celery
O Peanuts
O Mustard
O Molluscs
O Tree nuts
O Soybeans
O Crustaceans
O Sesame seeds
O Cereals containing gluten
O Sulphur dioxide and sulphites

Ingredients:

Cooking Instructions:

Notes:

Recipe

Difficulty level:

o o O O O

Rating

Prep Time:

Cooking Method:

Cooking Temp:

Cooking Time:

Servings:

Allergens:

- O Milk
- O Fish
- O Eggs
- O Lupin
- O Celery
- O Peanuts
- O Mustard
- O Molluscs
- O Tree nuts
- O Soybeans
- O Crustaceans
- O Sesame seeds
- O Cereals containing gluten
- O Sulphur dioxide and sulphites

Ingredients:

Cooking Instructions:

Notes:

Recipe

Difficulty level:

o o O O O

Rating

Prep Time:

Cooking Method:

Cooking Temp:

Cooking Time:

Servings:

Allergens:

O Milk
O Fish
O Eggs
O Lupin
O Celery
O Peanuts
O Mustard
O Molluscs
O Tree nuts
O Soybeans
O Crustaceans
O Sesame seeds
O Cereals containing gluten
O Sulphur dioxide and sulphites

Ingredients:

Cooking Instructions:

Notes:

Recipe

Difficulty level:

o o O O O

Rating

♡ ♡ ♡ ♥ ♥

Prep Time:

Cooking Method:

Cooking Temp:

Cooking Time:

Servings:

Allergens:

O Milk
O Fish
O Eggs
O Lupin
O Celery
O Peanuts
O Mustard
O Molluscs
O Tree nuts
O Soybeans
O Crustaceans
O Sesame seeds
O Cereals containing gluten
O Sulphur dioxide and sulphites

Ingredients:

Cooking Instructions:

Notes:

Recipe

Difficulty level:

o o O O O

Rating

Prep Time:

Cooking Method:

Cooking Temp:

Cooking Time:

Servings:

Allergens:

O Milk
O Fish
O Eggs
O Lupin
O Celery
O Peanuts
O Mustard
O Molluscs
O Tree nuts
O Soybeans
O Crustaceans
O Sesame seeds
O Cereals containing gluten
O Sulphur dioxide and sulphites

Ingredients:

Cooking Instructions:

Notes:

Recipe

Difficulty level:

o o O O O

Rating

Prep Time:

Cooking Method:

Cooking Temp:

Cooking Time:

Servings:

Allergens:

O Milk
O Fish
O Eggs
O Lupin
O Celery
O Peanuts
O Mustard
O Molluscs
O Tree nuts
O Soybeans
O Crustaceans
O Sesame seeds
O Cereals containing gluten
O Sulphur dioxide and sulphites

Ingredients:

Cooking Instructions:

Notes:

Recipe

Difficulty level:

Rating

Prep Time:

Cooking Method:

Cooking Temp:

Cooking Time:

Servings:

Allergens:

- O Milk
- O Fish
- O Eggs
- O Lupin
- O Celery
- O Peanuts
- O Mustard
- O Molluscs
- O Tree nuts
- O Soybeans
- O Crustaceans
- O Sesame seeds
- O Cereals containing gluten
- O Sulphur dioxide and sulphites

Ingredients:

Cooking Instructions:

Notes:

Recipe

Difficulty level:

o o O O O

Rating

Prep Time:

Cooking Method:

Cooking Temp:

Cooking Time:

Servings:

Allergens:

O Milk
O Fish
O Eggs
O Lupin
O Celery
O Peanuts
O Mustard
O Molluscs
O Tree nuts
O Soybeans
O Crustaceans
O Sesame seeds
O Cereals containing gluten
O Sulphur dioxide and sulphites

Ingredients:

Cooking Instructions:

Notes:

Recipe

Difficulty level:

ooOOO

Rating

Prep Time:

Cooking Method:

Cooking Temp:

Cooking Time:

Servings:

Allergens:

O Milk
O Fish
O Eggs
O Lupin
O Celery
O Peanuts
O Mustard
O Molluscs
O Tree nuts
O Soybeans
O Crustaceans
O Sesame seeds
O Cereals containing gluten
O Sulphur dioxide and sulphites

Ingredients:

Cooking Instructions:

Notes:

Recipe

Difficulty level:

ooOOO

Rating

♡♡♡♡♡

Prep Time:

Cooking Method:

Cooking Temp:

Cooking Time:

Servings:

Allergens:

O Milk
O Fish
O Eggs
O Lupin
O Celery
O Peanuts
O Mustard
O Molluscs
O Tree nuts
O Soybeans
O Crustaceans
O Sesame seeds
O Cereals containing gluten
O Sulphur dioxide and sulphites

Ingredients:

Cooking Instructions:

Notes:

Recipe

Difficulty level:

o o O O O

Rating

♡ ♡ ♡ ♡ ♡

Prep Time:

Cooking Method:

Cooking Temp:

Cooking Time:

Servings:

Allergens:

O Milk
O Fish
O Eggs
O Lupin
O Celery
O Peanuts
O Mustard
O Molluscs
O Tree nuts
O Soybeans
O Crustaceans
O Sesame seeds
O Cereals containing gluten
O Sulphur dioxide and sulphites

Ingredients:

Cooking Instructions:

Notes:

Recipe

Difficulty level:

○ ○ ○ ○ ○

Rating

Prep Time:

Cooking Method:

Cooking Temp:

Cooking Time:

Servings:

Allergens:

O Milk
O Fish
O Eggs
O Lupin
O Celery
O Peanuts
O Mustard
O Molluscs
O Tree nuts
O Soybeans
O Crustaceans
O Sesame seeds
O Cereals containing gluten
O Sulphur dioxide and sulphites

Ingredients:

Cooking Instructions:

Notes:

Recipe

Difficulty level:

ooOOO

Rating

Prep Time:

Cooking Method:

Cooking Temp:

Cooking Time:

Servings:

Allergens:

- O Milk
- O Fish
- O Eggs
- O Lupin
- O Celery
- O Peanuts
- O Mustard
- O Molluscs
- O Tree nuts
- O Soybeans
- O Crustaceans
- O Sesame seeds
- O Cereals containing gluten
- O Sulphur dioxide and sulphites

Ingredients:

Cooking Instructions:

Notes:

Recipe

Difficulty level:

Rating

Prep Time:

Cooking Method:

Cooking Temp:

Cooking Time:

Servings:

Allergens:

O Milk
O Fish
O Eggs
O Lupin
O Celery
O Peanuts
O Mustard
O Molluscs
O Tree nuts
O Soybeans
O Crustaceans
O Sesame seeds
O Cereals containing gluten
O Sulphur dioxide and sulphites

Ingredients:

Cooking Instructions:

Notes:

Recipe

Difficulty level:

o o O O O

Rating

Prep Time:

Cooking Method:

Cooking Temp:

Cooking Time:

Servings:

Allergens:
- O Milk
- O Fish
- O Eggs
- O Lupin
- O Celery
- O Peanuts
- O Mustard
- O Molluscs
- O Tree nuts
- O Soybeans
- O Crustaceans
- O Sesame seeds
- O Cereals containing gluten
- O Sulphur dioxide and sulphites

Ingredients:

Cooking Instructions:

Notes:

Recipe

Difficulty level:

∘∘OOO

Rating

♡♡♡♡♡

Prep Time:

Cooking Method:

Cooking Temp:

Cooking Time:

Servings:

Allergens:

- O Milk
- O Fish
- O Eggs
- O Lupin
- O Celery
- O Peanuts
- O Mustard
- O Molluscs
- O Tree nuts
- O Soybeans
- O Crustaceans
- O Sesame seeds
- O Cereals containing gluten
- O Sulphur dioxide and sulphites

Ingredients:

Cooking Instructions:

Notes:

Recipe

Difficulty level:

ooOOO

Rating

Prep Time:

Cooking Method:

Cooking Temp:

Cooking Time:

Servings:

Allergens:

O Milk
O Fish
O Eggs
O Lupin
O Celery
O Peanuts
O Mustard
O Molluscs
O Tree nuts
O Soybeans
O Crustaceans
O Sesame seeds
O Cereals containing gluten
O Sulphur dioxide and sulphites

Ingredients:

Cooking Instructions:

Notes:

Recipe

Difficulty level:

o o O O O

Rating

♡ ♡ ♡ ♡ ♡

Prep Time:

Cooking Method:

Cooking Temp:

Cooking Time:

Servings:

Allergens:

O Milk
O Fish
O Eggs
O Lupin
O Celery
O Peanuts
O Mustard
O Molluscs
O Tree nuts
O Soybeans
O Crustaceans
O Sesame seeds
O Cereals containing gluten
O Sulphur dioxide and sulphites

Ingredients:

Cooking Instructions:

Notes:

Recipe

Difficulty level:

o o O O O

Rating

♡ ♡ ♡ ♡ ♡

Prep Time:

Cooking Method:

Cooking Temp:

Cooking Time:

Servings:

Allergens:

O Milk
O Fish
O Eggs
O Lupin
O Celery
O Peanuts
O Mustard
O Molluscs
O Tree nuts
O Soybeans
O Crustaceans
O Sesame seeds
O Cereals containing gluten
O Sulphur dioxide and sulphites

Ingredients:

Cooking Instructions:

Notes:

Recipe

Difficulty level:

○○○○○

Rating

Prep Time:

Cooking Method:

Cooking Temp:

Cooking Time:

Servings:

Allergens:

O Milk
O Fish
O Eggs
O Lupin
O Celery
O Peanuts
O Mustard
O Molluscs
O Tree nuts
O Soybeans
O Crustaceans
O Sesame seeds
O Cereals containing gluten
O Sulphur dioxide and sulphites

Ingredients:

Cooking Instructions:

Notes:

Recipe

Difficulty level:

Rating

Prep Time:

Cooking Method:

Cooking Temp:

Cooking Time:

Servings:

Allergens:

O Milk
O Fish
O Eggs
O Lupin
O Celery
O Peanuts
O Mustard
O Molluscs
O Tree nuts
O Soybeans
O Crustaceans
O Sesame seeds
O Cereals containing gluten
O Sulphur dioxide and sulphites

Ingredients:

Cooking Instructions:

Notes:

Recipe

Difficulty level:

o o O O O

Rating

♡ ♡ ♡ ♡ ♡

Prep Time:

Cooking Method:

Cooking Temp:

Cooking Time:

Servings:

Allergens:

O Milk
O Fish
O Eggs
O Lupin
O Celery
O Peanuts
O Mustard
O Molluscs
O Tree nuts
O Soybeans
O Crustaceans
O Sesame seeds
O Cereals containing gluten
O Sulphur dioxide and sulphites

Ingredients:

Cooking Instructions:

Notes:

Recipe

Difficulty level:

o o O O O

Rating

Prep Time:

Cooking Method:

Cooking Temp:

Cooking Time:

Servings:

Allergens:

O Milk
O Fish
O Eggs
O Lupin
O Celery
O Peanuts
O Mustard
O Molluscs
O Tree nuts
O Soybeans
O Crustaceans
O Sesame seeds
O Cereals containing gluten
O Sulphur dioxide and sulphites

Ingredients:

Cooking Instructions:

Notes:

Recipe

Difficulty level:

ooOOO

Rating

♡♡♡♡♥

Prep Time:

Cooking Method:

Cooking Temp:

Cooking Time:

Servings:

Allergens:

O Milk
O Fish
O Eggs
O Lupin
O Celery
O Peanuts
O Mustard
O Molluscs
O Tree nuts
O Soybeans
O Crustaceans
O Sesame seeds
O Cereals containing gluten
O Sulphur dioxide and sulphites

Ingredients:

Cooking Instructions:

Notes:

Recipe

Difficulty level:

ooOOO

Rating

Prep Time:

Cooking Method:

Cooking Temp:

Cooking Time:

Servings:

Allergens:

- O Milk
- O Fish
- O Eggs
- O Lupin
- O Celery
- O Peanuts
- O Mustard
- O Molluscs
- O Tree nuts
- O Soybeans
- O Crustaceans
- O Sesame seeds
- O Cereals containing gluten
- O Sulphur dioxide and sulphites

Ingredients:

Cooking Instructions:

Notes:

Recipe

Difficulty level:

ooOOO

Rating

Prep Time:

Cooking Method:

Cooking Temp:

Cooking Time:

Servings:

Allergens:

O Milk
O Fish
O Eggs
O Lupin
O Celery
O Peanuts
O Mustard
O Molluscs
O Tree nuts
O Soybeans
O Crustaceans
O Sesame seeds
O Cereals containing gluten
O Sulphur dioxide and sulphites

Ingredients:

Cooking Instructions:

Notes:

Recipe

Difficulty level:

o o O O O

Rating

Prep Time:

Cooking Method:

Cooking Temp:

Cooking Time:

Servings:

Allergens:

- O Milk
- O Fish
- O Eggs
- O Lupin
- O Celery
- O Peanuts
- O Mustard
- O Molluscs
- O Tree nuts
- O Soybeans
- O Crustaceans
- O Sesame seeds
- O Cereals containing gluten
- O Sulphur dioxide and sulphites

Ingredients:

Cooking Instructions:

Notes:

Recipe

Difficulty level:

ooooO

Rating

♡♡♡♡♡

Prep Time:

Cooking Method:

Cooking Temp:

Cooking Time:

Servings:

Allergens:

O Milk
O Fish
O Eggs
O Lupin
O Celery
O Peanuts
O Mustard
O Molluscs
O Tree nuts
O Soybeans
O Crustaceans
O Sesame seeds
O Cereals containing gluten
O Sulphur dioxide and sulphites

Ingredients:

Cooking Instructions:

Notes:

Recipe

Difficulty level:

o o O O O

Rating

Prep Time:

Cooking Method:

Cooking Temp:

Cooking Time:

Servings:

Allergens:

O Milk
O Fish
O Eggs
O Lupin
O Celery
O Peanuts
O Mustard
O Molluscs
O Tree nuts
O Soybeans
O Crustaceans
O Sesame seeds
O Cereals containing gluten
O Sulphur dioxide and sulphites

Ingredients:

Cooking Instructions:

Notes:

Recipe

Difficulty level:

ooOOO

Rating

Prep Time:

Cooking Method:

Cooking Temp:

Cooking Time:

Servings:

Allergens:

- O Milk
- O Fish
- O Eggs
- O Lupin
- O Celery
- O Peanuts
- O Mustard
- O Molluscs
- O Tree nuts
- O Soybeans
- O Crustaceans
- O Sesame seeds
- O Cereals containing gluten
- O Sulphur dioxide and sulphites

Ingredients:

Cooking Instructions:

Notes:

Recipe

Difficulty level:

o o O O O

Rating

♡ ♡ ♡ ♡ ♡

Prep Time:

Cooking Method:

Cooking Temp:

Cooking Time:

Servings:

Allergens:

- O Milk
- O Fish
- O Eggs
- O Lupin
- O Celery
- O Peanuts
- O Mustard
- O Molluscs
- O Tree nuts
- O Soybeans
- O Crustaceans
- O Sesame seeds
- O Cereals containing gluten
- O Sulphur dioxide and sulphites

Ingredients:

Cooking Instructions:

Notes:

Recipe

Difficulty level:

o o O O O

Rating

Prep Time:

Cooking Method:

Cooking Temp:

Cooking Time:

Servings:

Allergens:

O Milk
O Fish
O Eggs
O Lupin
O Celery
O Peanuts
O Mustard
O Molluscs
O Tree nuts
O Soybeans
O Crustaceans
O Sesame seeds
O Cereals containing gluten
O Sulphur dioxide and sulphites

Ingredients:

Cooking Instructions:

Notes:

Recipe

Difficulty level:

ooOOO

Rating

Prep Time:

Cooking Method:

Cooking Temp:

Cooking Time:

Servings:

Allergens:

O Milk
O Fish
O Eggs
O Lupin
O Celery
O Peanuts
O Mustard
O Molluscs
O Tree nuts
O Soybeans
O Crustaceans
O Sesame seeds
O Cereals containing gluten
O Sulphur dioxide and sulphites

Ingredients:

Cooking Instructions:

Notes:

Recipe

Difficulty level:

o o O O O

Rating

Prep Time:

Cooking Method:

Cooking Temp:

Cooking Time:

Servings:

Allergens:

O Milk
O Fish
O Eggs
O Lupin
O Celery
O Peanuts
O Mustard
O Molluscs
O Tree nuts
O Soybeans
O Crustaceans
O Sesame seeds
O Cereals containing gluten
O Sulphur dioxide and sulphites

Ingredients:

Cooking Instructions:

Notes:

Recipe

Difficulty level:

o o O O O

Rating

♡ ♡ ♡ ♡ ♡

Prep Time:

Cooking Method:

Cooking Temp:

Cooking Time:

Servings:

Allergens:

- O Milk
- O Fish
- O Eggs
- O Lupin
- O Celery
- O Peanuts
- O Mustard
- O Molluscs
- O Tree nuts
- O Soybeans
- O Crustaceans
- O Sesame seeds
- O Cereals containing gluten
- O Sulphur dioxide and sulphites

Ingredients:

Cooking Instructions:

Notes:

Recipe

Difficulty level:

ooooO

Rating

Prep Time:

Cooking Method:

Cooking Temp:

Cooking Time:

Servings:

Allergens:

- O Milk
- O Fish
- O Eggs
- O Lupin
- O Celery
- O Peanuts
- O Mustard
- O Molluscs
- O Tree nuts
- O Soybeans
- O Crustaceans
- O Sesame seeds
- O Cereals containing gluten
- O Sulphur dioxide and sulphites

Ingredients:

Cooking Instructions:

Notes:

Recipe

Difficulty level:

ooOOO

Rating

♡♡♡♡♡

Prep Time:

Cooking Method:

Cooking Temp:

Cooking Time:

Servings:

Allergens:

- O Milk
- O Fish
- O Eggs
- O Lupin
- O Celery
- O Peanuts
- O Mustard
- O Molluscs
- O Tree nuts
- O Soybeans
- O Crustaceans
- O Sesame seeds
- O Cereals containing gluten
- O Sulphur dioxide and sulphites

Ingredients:

Cooking Instructions:

Notes:

Recipe

Difficulty level:

o o O O O

Rating

Prep Time:

Cooking Method:

Cooking Temp:

Cooking Time:

Servings:

Allergens:

O Milk
O Fish
O Eggs
O Lupin
O Celery
O Peanuts
O Mustard
O Molluscs
O Tree nuts
O Soybeans
O Crustaceans
O Sesame seeds
O Cereals containing gluten
O Sulphur dioxide and sulphites

Ingredients:

Cooking Instructions:

Notes:

Recipe

Difficulty level:

o o O O O

Rating

♡ ♡ ♡ ♡ ♡

Prep Time:

Cooking Method:

Cooking Temp:

Cooking Time:

Servings:

Allergens:

O Milk
O Fish
O Eggs
O Lupin
O Celery
O Peanuts
O Mustard
O Molluscs
O Tree nuts
O Soybeans
O Crustaceans
O Sesame seeds
O Cereals containing gluten
O Sulphur dioxide and sulphites

Ingredients:

Cooking Instructions:

Notes:

Recipe

Difficulty level:

$\circ\, \circ\, O\, O\, O$

Rating

Prep Time:

Cooking Method:

Cooking Temp:

Cooking Time:

Servings:

Allergens:

O Milk
O Fish
O Eggs
O Lupin
O Celery
O Peanuts
O Mustard
O Molluscs
O Tree nuts
O Soybeans
O Crustaceans
O Sesame seeds
O Cereals containing gluten
O Sulphur dioxide and sulphites

Ingredients:

Cooking Instructions:

Notes:

Recipe

Difficulty level:

o o O O O

Rating

Prep Time:

Cooking Method:

Cooking Temp:

Cooking Time:

Servings:

Allergens:

- O Milk
- O Fish
- O Eggs
- O Lupin
- O Celery
- O Peanuts
- O Mustard
- O Molluscs
- O Tree nuts
- O Soybeans
- O Crustaceans
- O Sesame seeds
- O Cereals containing gluten
- O Sulphur dioxide and sulphites

Ingredients:

Cooking Instructions:

Notes:

Recipe

Difficulty level:

ooOOO

Rating

Prep Time:

Cooking Method:

Cooking Temp:

Cooking Time:

Servings:

Allergens:

- O Milk
- O Fish
- O Eggs
- O Lupin
- O Celery
- O Peanuts
- O Mustard
- O Molluscs
- O Tree nuts
- O Soybeans
- O Crustaceans
- O Sesame seeds
- O Cereals containing gluten
- O Sulphur dioxide and sulphites

Ingredients:

Cooking Instructions:

Notes:

Recipe

Difficulty level:

ooOOO

Rating

Prep Time:

Cooking Method:

Cooking Temp:

Cooking Time:

Servings:

Allergens:

- O Milk
- O Fish
- O Eggs
- O Lupin
- O Celery
- O Peanuts
- O Mustard
- O Molluscs
- O Tree nuts
- O Soybeans
- O Crustaceans
- O Sesame seeds
- O Cereals containing gluten
- O Sulphur dioxide and sulphites

Ingredients:

Cooking Instructions:

Notes:

Recipe

Difficulty level:

ooooO

Rating

Prep Time:

Cooking Method:

Cooking Temp:

Cooking Time:

Servings:

Allergens:

- O Milk
- O Fish
- O Eggs
- O Lupin
- O Celery
- O Peanuts
- O Mustard
- O Molluscs
- O Tree nuts
- O Soybeans
- O Crustaceans
- O Sesame seeds
- O Cereals containing gluten
- O Sulphur dioxide and sulphites

Ingredients:

Cooking Instructions:

Notes:

Recipe

Difficulty level:

ooOOO

Rating

Prep Time:

Cooking Method:

Cooking Temp:

Cooking Time:

Servings:

Allergens:

- O Milk
- O Fish
- O Eggs
- O Lupin
- O Celery
- O Peanuts
- O Mustard
- O Molluscs
- O Tree nuts
- O Soybeans
- O Crustaceans
- O Sesame seeds
- O Cereals containing gluten
- O Sulphur dioxide and sulphites

Ingredients:

Cooking Instructions:

Notes:

Recipe

Difficulty level:

o o O O O

Rating

♡ ♡ ♡ ♡ ♡

Prep Time:

Cooking Method:

Cooking Temp:

Cooking Time:

Servings:

Allergens:

- O Milk
- O Fish
- O Eggs
- O Lupin
- O Celery
- O Peanuts
- O Mustard
- O Molluscs
- O Tree nuts
- O Soybeans
- O Crustaceans
- O Sesame seeds
- O Cereals containing gluten
- O Sulphur dioxide and sulphites

Ingredients:

Cooking Instructions:

Notes:

Recipe

Difficulty level:

o o O O O

Rating

Prep Time:

Cooking Method:

Cooking Temp:

Cooking Time:

Servings:

Allergens:

O Milk
O Fish
O Eggs
O Lupin
O Celery
O Peanuts
O Mustard
O Molluscs
O Tree nuts
O Soybeans
O Crustaceans
O Sesame seeds
O Cereals containing gluten
O Sulphur dioxide and sulphites

Ingredients:

Cooking Instructions:

Notes:

Recipe

Difficulty level:

○○○○○

Rating

♡♡♡♡♡

Prep Time:

Cooking Method:

Cooking Temp:

Cooking Time:

Servings:

Allergens:

O Milk
O Fish
O Eggs
O Lupin
O Celery
O Peanuts
O Mustard
O Molluscs
O Tree nuts
O Soybeans
O Crustaceans
O Sesame seeds
O Cereals containing gluten
O Sulphur dioxide and sulphites

Ingredients:

Cooking Instructions:

Notes:

Recipe

Difficulty level:

ooOOO

Rating

Prep Time:

Cooking Method:

Cooking Temp:

Cooking Time:

Servings:

Allergens:

- O Milk
- O Fish
- O Eggs
- O Lupin
- O Celery
- O Peanuts
- O Mustard
- O Molluscs
- O Tree nuts
- O Soybeans
- O Crustaceans
- O Sesame seeds
- O Cereals containing gluten
- O Sulphur dioxide and sulphites

Ingredients:

Cooking Instructions:

Notes:

Recipe

Difficulty level:

o o O O O

Rating

♡ ♡ ♡ ♡ ♡

Prep Time:

Cooking Method:

Cooking Temp:

Cooking Time:

Servings:

Allergens:

O Milk
O Fish
O Eggs
O Lupin
O Celery
O Peanuts
O Mustard
O Molluscs
O Tree nuts
O Soybeans
O Crustaceans
O Sesame seeds
O Cereals containing gluten
O Sulphur dioxide and sulphites

Ingredients:

Cooking Instructions:

Notes:

Recipe

Difficulty level:

o o O O O

Rating

Prep Time:

Cooking Method:

Cooking Temp:

Cooking Time:

Servings:

Allergens:

O Milk
O Fish
O Eggs
O Lupin
O Celery
O Peanuts
O Mustard
O Molluscs
O Tree nuts
O Soybeans
O Crustaceans
O Sesame seeds
O Cereals containing gluten
O Sulphur dioxide and sulphites

Ingredients:

Cooking Instructions:

Notes:

Recipe

Difficulty level:

ooOOO

Rating

Prep Time:

Cooking Method:

Cooking Temp:

Cooking Time:

Servings:

Allergens:

- O Milk
- O Fish
- O Eggs
- O Lupin
- O Celery
- O Peanuts
- O Mustard
- O Molluscs
- O Tree nuts
- O Soybeans
- O Crustaceans
- O Sesame seeds
- O Cereals containing gluten
- O Sulphur dioxide and sulphites

Ingredients:

Cooking Instructions:

Notes:

Recipe

Difficulty level:

oooOO

Rating

Prep Time:

Cooking Method:

Cooking Temp:

Cooking Time:

Servings:

Allergens:

O Milk
O Fish
O Eggs
O Lupin
O Celery
O Peanuts
O Mustard
O Molluscs
O Tree nuts
O Soybeans
O Crustaceans
O Sesame seeds
O Cereals containing gluten
O Sulphur dioxide and sulphites

Ingredients:

Cooking Instructions:

Notes:

Recipe

Difficulty level:

o o O O O

Rating

♡ ♡ ♡ ♡ ♡

Prep Time:

Cooking Method:

Cooking Temp:

Cooking Time:

Servings:

Allergens:

O Milk
O Fish
O Eggs
O Lupin
O Celery
O Peanuts
O Mustard
O Molluscs
O Tree nuts
O Soybeans
O Crustaceans
O Sesame seeds
O Cereals containing gluten
O Sulphur dioxide and sulphites

Ingredients:

Cooking Instructions:

Notes:

Recipe

Difficulty level:

o o O O O

Rating

Prep Time:

Cooking Method:

Cooking Temp:

Cooking Time:

Servings:

Allergens:

O Milk
O Fish
O Eggs
O Lupin
O Celery
O Peanuts
O Mustard
O Molluscs
O Tree nuts
O Soybeans
O Crustaceans
O Sesame seeds
O Cereals containing gluten
O Sulphur dioxide and sulphites

Ingredients:

Cooking Instructions:

Notes:

Recipe

Difficulty level:

o o O O O

Rating

Prep Time:

Cooking Method:

Cooking Temp:

Cooking Time:

Servings:

Allergens:

O Milk
O Fish
O Eggs
O Lupin
O Celery
O Peanuts
O Mustard
O Molluscs
O Tree nuts
O Soybeans
O Crustaceans
O Sesame seeds
O Cereals containing gluten
O Sulphur dioxide and sulphites

Ingredients:

Cooking Instructions:

Notes:

Recipe

Difficulty level:

oo OOO

Rating

♡♡♡♡♥

Prep Time:

Cooking Method:

Cooking Temp:

Cooking Time:

Servings:

Allergens:

O Milk
O Fish
O Eggs
O Lupin
O Celery
O Peanuts
O Mustard
O Molluscs
O Tree nuts
O Soybeans
O Crustaceans
O Sesame seeds
O Cereals containing gluten
O Sulphur dioxide and sulphites

Ingredients:

Cooking Instructions:

Notes:

Recipe

Difficulty level:

o o O O O

Rating

Prep Time:

Cooking Method:

Cooking Temp:

Cooking Time:

Servings:

Allergens:

O Milk
O Fish
O Eggs
O Lupin
O Celery
O Peanuts
O Mustard
O Molluscs
O Tree nuts
O Soybeans
O Crustaceans
O Sesame seeds
O Cereals containing gluten
O Sulphur dioxide and sulphites

Ingredients:

Cooking Instructions:

Notes:

Recipe

Difficulty level:

o o O O O

Rating

♡ ♡ ♡ ♡ ♡

Prep Time:

Cooking Method:

Cooking Temp:

Cooking Time:

Servings:

Allergens:
- O Milk
- O Fish
- O Eggs
- O Lupin
- O Celery
- O Peanuts
- O Mustard
- O Molluscs
- O Tree nuts
- O Soybeans
- O Crustaceans
- O Sesame seeds
- O Cereals containing gluten
- O Sulphur dioxide and sulphites

Ingredients:

Cooking Instructions:

Notes:

Recipe

Difficulty level:

○○○○○

Rating

♡♡♡♡♡

Prep Time:

Cooking Method:

Cooking Temp:

Cooking Time:

Servings:

Allergens:

O Milk
O Fish
O Eggs
O Lupin
O Celery
O Peanuts
O Mustard
O Molluscs
O Tree nuts
O Soybeans
O Crustaceans
O Sesame seeds
O Cereals containing gluten
O Sulphur dioxide and sulphites

Ingredients:

Cooking Instructions:

Notes:

Recipe

Difficulty level:

ooOOO

Rating

♡♡♡♡♥

Prep Time:

Cooking Method:

Cooking Temp:

Cooking Time:

Servings:

Allergens:

- O Milk
- O Fish
- O Eggs
- O Lupin
- O Celery
- O Peanuts
- O Mustard
- O Molluscs
- O Tree nuts
- O Soybeans
- O Crustaceans
- O Sesame seeds
- O Cereals containing gluten
- O Sulphur dioxide and sulphites

Ingredients:

Cooking Instructions:

Notes:

Recipe

Difficulty level:

o o O O O

Rating

Prep Time:

Cooking Method:

Cooking Temp:

Cooking Time:

Servings:

Allergens:

O Milk
O Fish
O Eggs
O Lupin
O Celery
O Peanuts
O Mustard
O Molluscs
O Tree nuts
O Soybeans
O Crustaceans
O Sesame seeds
O Cereals containing gluten
O Sulphur dioxide and sulphites

Ingredients:

Cooking Instructions:

Notes:

Recipe

Difficulty level:

○○○○○

Rating

♡♡♡♡♡

Prep Time:

Cooking Method:

Cooking Temp:

Cooking Time:

Servings:

Allergens:

- O Milk
- O Fish
- O Eggs
- O Lupin
- O Celery
- O Peanuts
- O Mustard
- O Molluscs
- O Tree nuts
- O Soybeans
- O Crustaceans
- O Sesame seeds
- O Cereals containing gluten
- O Sulphur dioxide and sulphites

Ingredients:

Cooking Instructions:

Notes:

Recipe

Difficulty level:

o o O O O

Rating

♡ ♡ ♡ ♡ ♡

Prep Time:

Cooking Method:

Cooking Temp:

Cooking Time:

Servings:

Allergens:

O Milk
O Fish
O Eggs
O Lupin
O Celery
O Peanuts
O Mustard
O Molluscs
O Tree nuts
O Soybeans
O Crustaceans
O Sesame seeds
O Cereals containing gluten
O Sulphur dioxide and sulphites

Ingredients:

Cooking Instructions:

Notes:

Recipe

Difficulty level:

ooOOO

Rating

Prep Time:

Cooking Method:

Cooking Temp:

Cooking Time:

Servings:

Allergens:

- O Milk
- O Fish
- O Eggs
- O Lupin
- O Celery
- O Peanuts
- O Mustard
- O Molluscs
- O Tree nuts
- O Soybeans
- O Crustaceans
- O Sesame seeds
- O Cereals containing gluten
- O Sulphur dioxide and sulphites

Ingredients:

Cooking Instructions:

Notes:

Recipe

Difficulty level:

ooOOO

Rating

Prep Time:

Cooking Method:

Cooking Temp:

Cooking Time:

Servings:

Allergens:

O Milk
O Fish
O Eggs
O Lupin
O Celery
O Peanuts
O Mustard
O Molluscs
O Tree nuts
O Soybeans
O Crustaceans
O Sesame seeds
O Cereals containing gluten
O Sulphur dioxide and sulphites

Ingredients:

Cooking Instructions:

Notes:

Recipe

Difficulty level:

o o O O O

Rating

♡ ♡ ♡ ♡ ♡

Prep Time:

Cooking Method:

Cooking Temp:

Cooking Time:

Servings:

Allergens:

O Milk
O Fish
O Eggs
O Lupin
O Celery
O Peanuts
O Mustard
O Molluscs
O Tree nuts
O Soybeans
O Crustaceans
O Sesame seeds
O Cereals containing gluten
O Sulphur dioxide and sulphites

Ingredients:

Cooking Instructions:

Notes:

Recipe

Difficulty level:

ooOOO

Rating

Prep Time:

Cooking Method:

Cooking Temp:

Cooking Time:

Servings:

Allergens:

- O Milk
- O Fish
- O Eggs
- O Lupin
- O Celery
- O Peanuts
- O Mustard
- O Molluscs
- O Tree nuts
- O Soybeans
- O Crustaceans
- O Sesame seeds
- O Cereals containing gluten
- O Sulphur dioxide and sulphites

Ingredients:

Cooking Instructions:

Notes:

Recipe

Difficulty level:

Rating

Prep Time:

Cooking Method:

Cooking Temp:

Cooking Time:

Servings:

Allergens:

O Milk
O Fish
O Eggs
O Lupin
O Celery
O Peanuts
O Mustard
O Molluscs
O Tree nuts
O Soybeans
O Crustaceans
O Sesame seeds
O Cereals containing gluten
O Sulphur dioxide and sulphites

Ingredients:

Cooking Instructions:

Notes:

Recipe

Difficulty level:

o o O O O

Rating

Prep Time:

Cooking Method:

Cooking Temp:

Cooking Time:

Servings:

Allergens:

O Milk
O Fish
O Eggs
O Lupin
O Celery
O Peanuts
O Mustard
O Molluscs
O Tree nuts
O Soybeans
O Crustaceans
O Sesame seeds
O Cereals containing gluten
O Sulphur dioxide and sulphites

Ingredients:

Cooking Instructions:

Notes:

Recipe

Difficulty level:

o o O O O

Rating

♡ ♡ ♡ ♡ ♡

Prep Time:

Cooking Method:

Cooking Temp:

Cooking Time:

Servings:

Allergens:

O Milk
O Fish
O Eggs
O Lupin
O Celery
O Peanuts
O Mustard
O Molluscs
O Tree nuts
O Soybeans
O Crustaceans
O Sesame seeds
O Cereals containing gluten
O Sulphur dioxide and sulphites

Ingredients:

Cooking Instructions:

Notes:

Recipe

Difficulty level:

○ ○ ○ ○ ○

Rating

Prep Time:

Cooking Method:

Cooking Temp:

Cooking Time:

Servings:

Allergens:

- ○ Milk
- ○ Fish
- ○ Eggs
- ○ Lupin
- ○ Celery
- ○ Peanuts
- ○ Mustard
- ○ Molluscs
- ○ Tree nuts
- ○ Soybeans
- ○ Crustaceans
- ○ Sesame seeds
- ○ Cereals containing gluten
- ○ Sulphur dioxide and sulphites

Ingredients:

Cooking Instructions:

Notes:

Recipe

Difficulty level:

o o O O O

Rating

Prep Time:

Cooking Method:

Cooking Temp:

Cooking Time:

Servings:

Allergens:

O Milk
O Fish
O Eggs
O Lupin
O Celery
O Peanuts
O Mustard
O Molluscs
O Tree nuts
O Soybeans
O Crustaceans
O Sesame seeds
O Cereals containing gluten
O Sulphur dioxide and sulphites

Ingredients:

Cooking Instructions:

Notes:

Recipe

Difficulty level:

o o O O O

Rating

♡ ♡ ♡ ♡ ♡

Prep Time:

Cooking Method:

Cooking Temp:

Cooking Time:

Servings:

Allergens:

O Milk
O Fish
O Eggs
O Lupin
O Celery
O Peanuts
O Mustard
O Molluscs
O Tree nuts
O Soybeans
O Crustaceans
O Sesame seeds
O Cereals containing gluten
O Sulphur dioxide and sulphites

Ingredients:

Cooking Instructions:

Notes:

Recipe

Difficulty level:

o o O O O

Rating

Prep Time:

Cooking Method:

Cooking Temp:

Cooking Time:

Servings:

Allergens:

O Milk
O Fish
O Eggs
O Lupin
O Celery
O Peanuts
O Mustard
O Molluscs
O Tree nuts
O Soybeans
O Crustaceans
O Sesame seeds
O Cereals containing gluten
O Sulphur dioxide and sulphites

Ingredients:

Cooking Instructions:

Notes:

Recipe

Difficulty level:

ooOOO

Rating

Prep Time:

Cooking Method:

Cooking Temp:

Cooking Time:

Servings:

Allergens:

- O Milk
- O Fish
- O Eggs
- O Lupin
- O Celery
- O Peanuts
- O Mustard
- O Molluscs
- O Tree nuts
- O Soybeans
- O Crustaceans
- O Sesame seeds
- O Cereals containing gluten
- O Sulphur dioxide and sulphites

Ingredients:

Cooking Instructions:

Notes:

Recipe

Difficulty level:

o o O O O

Rating

Prep Time:

Cooking Method:

Cooking Temp:

Cooking Time:

Servings:

Allergens:

O Milk
O Fish
O Eggs
O Lupin
O Celery
O Peanuts
O Mustard
O Molluscs
O Tree nuts
O Soybeans
O Crustaceans
O Sesame seeds
O Cereals containing gluten
O Sulphur dioxide and sulphites

Ingredients:

Cooking Instructions:

Notes:

Recipe

Difficulty level:

o o O O O

Rating

Prep Time:

Cooking Method:

Cooking Temp:

Cooking Time:

Servings:

Allergens:

O Milk
O Fish
O Eggs
O Lupin
O Celery
O Peanuts
O Mustard
O Molluscs
O Tree nuts
O Soybeans
O Crustaceans
O Sesame seeds
O Cereals containing gluten
O Sulphur dioxide and sulphites

Ingredients:

Cooking Instructions:

Notes:

Recipe

Difficulty level:

o o O O O

Rating

♡ ♡ ♡ ♡ ♡

Prep Time:

Cooking Method:

Cooking Temp:

Cooking Time:

Servings:

Allergens:

O Milk
O Fish
O Eggs
O Lupin
O Celery
O Peanuts
O Mustard
O Molluscs
O Tree nuts
O Soybeans
O Crustaceans
O Sesame seeds
O Cereals containing gluten
O Sulphur dioxide and sulphites

Ingredients:

Cooking Instructions:

Notes:

Recipe

Difficulty level:

ooOOO

Rating

Prep Time:

Cooking Method:

Cooking Temp:

Cooking Time:

Servings:

Allergens:

- O Milk
- O Fish
- O Eggs
- O Lupin
- O Celery
- O Peanuts
- O Mustard
- O Molluscs
- O Tree nuts
- O Soybeans
- O Crustaceans
- O Sesame seeds
- O Cereals containing gluten
- O Sulphur dioxide and sulphites

Ingredients:

Cooking Instructions:

Notes:

Recipe

Difficulty level:

ooOOO

Rating

♡♡♡♡♡

Prep Time:

Cooking Method:

Cooking Temp:

Cooking Time:

Servings:

Allergens:

O Milk
O Fish
O Eggs
O Lupin
O Celery
O Peanuts
O Mustard
O Molluscs
O Tree nuts
O Soybeans
O Crustaceans
O Sesame seeds
O Cereals containing gluten
O Sulphur dioxide and sulphites

Ingredients:

Cooking Instructions:

Notes:

Recipe

Difficulty level:

o o O O O

Rating

Prep Time:

Cooking Method:

Cooking Temp:

Cooking Time:

Servings:

Allergens:

O Milk
O Fish
O Eggs
O Lupin
O Celery
O Peanuts
O Mustard
O Molluscs
O Tree nuts
O Soybeans
O Crustaceans
O Sesame seeds
O Cereals containing gluten
O Sulphur dioxide and sulphites

Ingredients:

Cooking Instructions:

Notes:

Recipe

Difficulty level:

○ ○ ○ ○ ○

Rating

♡ ♡ ♡ ♡ ♡

Prep Time:

Cooking Method:

Cooking Temp:

Cooking Time:

Servings:

Allergens:

O Milk
O Fish
O Eggs
O Lupin
O Celery
O Peanuts
O Mustard
O Molluscs
O Tree nuts
O Soybeans
O Crustaceans
O Sesame seeds
O Cereals containing gluten
O Sulphur dioxide and sulphites

Ingredients:

Cooking Instructions:

Notes:

Recipe

Difficulty level:

o o O O O

Rating

Prep Time:

Cooking Method:

Cooking Temp:

Cooking Time:

Servings:

Allergens:

O Milk
O Fish
O Eggs
O Lupin
O Celery
O Peanuts
O Mustard
O Molluscs
O Tree nuts
O Soybeans
O Crustaceans
O Sesame seeds
O Cereals containing gluten
O Sulphur dioxide and sulphites

Ingredients:

Cooking Instructions:

Notes:

Recipe

Difficulty level:

o o O O O

Rating

Prep Time:

Cooking Method:

Cooking Temp:

Cooking Time:

Servings:

Allergens:

- O Milk
- O Fish
- O Eggs
- O Lupin
- O Celery
- O Peanuts
- O Mustard
- O Molluscs
- O Tree nuts
- O Soybeans
- O Crustaceans
- O Sesame seeds
- O Cereals containing gluten
- O Sulphur dioxide and sulphites

Ingredients:

Cooking Instructions:

Notes:

Recipe

Difficulty level:

o o O O O

Rating

Prep Time:

Cooking Method:

Cooking Temp:

Cooking Time:

Servings:

Allergens:

O Milk
O Fish
O Eggs
O Lupin
O Celery
O Peanuts
O Mustard
O Molluscs
O Tree nuts
O Soybeans
O Crustaceans
O Sesame seeds
O Cereals containing gluten
O Sulphur dioxide and sulphites

Ingredients:

Cooking Instructions:

Notes:

Recipe

Difficulty level:

Rating

Prep Time:

Cooking Method:

Cooking Temp:

Cooking Time:

Servings:

Allergens:

O Milk
O Fish
O Eggs
O Lupin
O Celery
O Peanuts
O Mustard
O Molluscs
O Tree nuts
O Soybeans
O Crustaceans
O Sesame seeds
O Cereals containing gluten
O Sulphur dioxide and sulphites

Ingredients:

Cooking Instructions:

Notes:

Recipe

Difficulty level:

o o O O O

Rating

Prep Time:

Cooking Method:

Cooking Temp:

Cooking Time:

Servings:

Allergens:

- O Milk
- O Fish
- O Eggs
- O Lupin
- O Celery
- O Peanuts
- O Mustard
- O Molluscs
- O Tree nuts
- O Soybeans
- O Crustaceans
- O Sesame seeds
- O Cereals containing gluten
- O Sulphur dioxide and sulphites

Ingredients:

Cooking Instructions:

Notes:

Recipe

Difficulty level:

Rating

Prep Time:

Cooking Method:

Cooking Temp:

Cooking Time:

Servings:

Allergens:

O Milk
O Fish
O Eggs
O Lupin
O Celery
O Peanuts
O Mustard
O Molluscs
O Tree nuts
O Soybeans
O Crustaceans
O Sesame seeds
O Cereals containing gluten
O Sulphur dioxide and sulphites

Ingredients:

Cooking Instructions:

Notes:

Recipe

Difficulty level:

o o O O O

Rating

Prep Time:

Cooking Method:

Cooking Temp:

Cooking Time:

Servings:

Allergens:

O Milk
O Fish
O Eggs
O Lupin
O Celery
O Peanuts
O Mustard
O Molluscs
O Tree nuts
O Soybeans
O Crustaceans
O Sesame seeds
O Cereals containing gluten
O Sulphur dioxide and sulphites

Ingredients:

Cooking Instructions:

Notes:

Recipe

Difficulty level:

o o O O O

Rating

Prep Time:

Cooking Method:

Cooking Temp:

Cooking Time:

Servings:

Allergens:

- O Milk
- O Fish
- O Eggs
- O Lupin
- O Celery
- O Peanuts
- O Mustard
- O Molluscs
- O Tree nuts
- O Soybeans
- O Crustaceans
- O Sesame seeds
- O Cereals containing gluten
- O Sulphur dioxide and sulphites

Ingredients:

Cooking Instructions:

Notes:

Recipe

Difficulty level:

o o O O O

Rating

Prep Time:

Cooking Method:

Cooking Temp:

Cooking Time:

Servings:

Allergens:

O Milk
O Fish
O Eggs
O Lupin
O Celery
O Peanuts
O Mustard
O Molluscs
O Tree nuts
O Soybeans
O Crustaceans
O Sesame seeds
O Cereals containing gluten
O Sulphur dioxide and sulphites

Ingredients:

Cooking Instructions:

Notes:

Recipe

Difficulty level:

Rating

Prep Time:

Cooking Method:

Cooking Temp:

Cooking Time:

Servings:

Allergens:

O Milk
O Fish
O Eggs
O Lupin
O Celery
O Peanuts
O Mustard
O Molluscs
O Tree nuts
O Soybeans
O Crustaceans
O Sesame seeds
O Cereals containing gluten
O Sulphur dioxide and sulphites

Ingredients:

Cooking Instructions:

Notes:

Recipe

Difficulty level:

o o O O O

Rating

Prep Time:

Cooking Method:

Cooking Temp:

Cooking Time:

Servings:

Allergens:

O Milk
O Fish
O Eggs
O Lupin
O Celery
O Peanuts
O Mustard
O Molluscs
O Tree nuts
O Soybeans
O Crustaceans
O Sesame seeds
O Cereals containing gluten
O Sulphur dioxide and sulphites

Ingredients:

Cooking Instructions:

Notes:

Recipe

Difficulty level:

o o O O O

Rating

Prep Time:

Cooking Method:

Cooking Temp:

Cooking Time:

Servings:

Allergens:

O Milk
O Fish
O Eggs
O Lupin
O Celery
O Peanuts
O Mustard
O Molluscs
O Tree nuts
O Soybeans
O Crustaceans
O Sesame seeds
O Cereals containing gluten
O Sulphur dioxide and sulphites

Ingredients:

Cooking Instructions:

Notes:

Recipe

Difficulty level:

○ ○ O O O

Rating

♡ ♡ ♡ ♡ ♡

Prep Time:

Cooking Method:

Cooking Temp:

Cooking Time:

Servings:

Allergens:

O Milk
O Fish
O Eggs
O Lupin
O Celery
O Peanuts
O Mustard
O Molluscs
O Tree nuts
O Soybeans
O Crustaceans
O Sesame seeds
O Cereals containing gluten
O Sulphur dioxide and sulphites

Ingredients:

Cooking Instructions:

Notes:

Recipe

Difficulty level:

Rating

Prep Time:

Cooking Method:

Cooking Temp:

Cooking Time:

Servings:

Allergens:

- O Milk
- O Fish
- O Eggs
- O Lupin
- O Celery
- O Peanuts
- O Mustard
- O Molluscs
- O Tree nuts
- O Soybeans
- O Crustaceans
- O Sesame seeds
- O Cereals containing gluten
- O Sulphur dioxide and sulphites

Ingredients:

Cooking Instructions:

Notes:

Recipe

Difficulty level:

o o O O O

Rating

Prep Time:

Cooking Method:

Cooking Temp:

Cooking Time:

Servings:

Allergens:

O Milk
O Fish
O Eggs
O Lupin
O Celery
O Peanuts
O Mustard
O Molluscs
O Tree nuts
O Soybeans
O Crustaceans
O Sesame seeds
O Cereals containing gluten
O Sulphur dioxide and sulphites

Ingredients:

Cooking Instructions:

Notes:

Recipe

Difficulty level:

o o O O O

Rating

Prep Time:

Cooking Method:

Cooking Temp:

Cooking Time:

Servings:

Allergens:

O Milk
O Fish
O Eggs
O Lupin
O Celery
O Peanuts
O Mustard
O Molluscs
O Tree nuts
O Soybeans
O Crustaceans
O Sesame seeds
O Cereals containing gluten
O Sulphur dioxide and sulphites

Ingredients:

Cooking Instructions:

Notes:

Recipe

Difficulty level:

o o O O O

Rating

♡ ♡ ♡ ♡ ♡

Prep Time:

Cooking Method:

Cooking Temp:

Cooking Time:

Servings:

Allergens:

O Milk
O Fish
O Eggs
O Lupin
O Celery
O Peanuts
O Mustard
O Molluscs
O Tree nuts
O Soybeans
O Crustaceans
O Sesame seeds
O Cereals containing gluten
O Sulphur dioxide and sulphites

Ingredients:

Cooking Instructions:

Notes:

Recipe

Difficulty level:

o o O O O

Rating

Prep Time:

Cooking Method:

Cooking Temp:

Cooking Time:

Servings:

Allergens:

O Milk
O Fish
O Eggs
O Lupin
O Celery
O Peanuts
O Mustard
O Molluscs
O Tree nuts
O Soybeans
O Crustaceans
O Sesame seeds
O Cereals containing gluten
O Sulphur dioxide and sulphites

Ingredients:

Cooking Instructions:

Notes:

Recipe

Difficulty level:

o o O O O

Rating

Prep Time:

Cooking Method:

Cooking Temp:

Cooking Time:

Servings:

Allergens:

- O Milk
- O Fish
- O Eggs
- O Lupin
- O Celery
- O Peanuts
- O Mustard
- O Molluscs
- O Tree nuts
- O Soybeans
- O Crustaceans
- O Sesame seeds
- O Cereals containing gluten
- O Sulphur dioxide and sulphites

Ingredients:

Cooking Instructions:

Notes: